AF472463

5 HEURES DU MATIN

LA CHAPELLE

PAR DÉSIRÉ LOUIS

DESSINS DE G. PRUNIER

Ollendorff
Paris

Prix : 2 francs

Son dévoué confrère

Désiré Louis

Les

Minutes Parisiennes

Les Minutes Parisiennes

DÉSIRÉ LOUIS

5 Heures du Matin

La Chapelle

Illustrations de Gaston PRUNIER

GRAVÉES SUR BOIS

PAR T.-J. BELTRAND ET DÉTÉ

PARIS

SOCIÉTÉ D'ÉDITIONS LITTÉRAIRES ET ARTISTIQUES

Librairie Paul Ollendorff

50, CHAUSSÉE D'ANTIN, 50

1904

IL A ÉTÉ TIRÉ A PART

108 exemplaires sur papier de Chine,
et 28 exemplaires sur papier du Japon

Numérotés à la presse

SIX HEURES DU MATIN

« La ville est partagée en diverses sociétés, qui sont comme autant de petites républiques, qui ont leurs lois, leurs usages, leur jargon et leurs mots pour rire. »

(LA BRUYÈRE.)

Rue Ordener, à La Chapelle, la nuit a été chaude dans le logement du mécanicien Pradié, du chemin de fer du Nord. Il a mal dormi, et dès quatre heures et demie, il s'est levé, a ouvert sa fenêtre, et a rapidement regardé le ciel clair, sans nuage. Il pressent une lourde journée, une trentaine de degrés, comme la veille.

Mais qu'importe! Le train qu'il doit conduire à huit heures trente-cinq minutes roulera mieux qu'en temps de pluie ou de vent, l'état du rail étant meilleur.

Sa femme, restée au lit, préparera tout à l'heure ses effets, ses provisions de voyage, et servira le déjeuner. Assoupie dans le bien-être de l'immobilité, elle savoure ce repos qui lui paraît le vrai bonheur. Elle quittera le lit à l'heure fixée dans son esprit par l'habitude et son désir de tranquillité. Et, comme chaque matin, elle dira à son homme la même phrase :

— Tu avais bien le temps de te

lever!... Tu as toujours peur d'être en retard!

Pradié, décidé à quitter la maison vers six heures, continuera tranquillement de fumer sa pipe à la fenêtre, de penser à son train.

Certes, il pourrait, comme bien d'autres de ses collègues, n'arriver au dépôt que vers sept heures, puisque les règlements ne l'obligent à être présent qu'une heure vingt minutes avant le départ du train. Mais il préfère ne pas marchander son temps. Il lui plaît de faire avec le plus grand soin les travaux préparatoires de sa machine, car il ne veut laisser aucune prise à l'imprévu. Aussi ses chefs l'estiment pour son dévouement, sa conscience, pour sa façon toute particulière de conduire sa machine, avec de surprenantes économies de combustible et de graissage. Toutes ces qualités ont fait de Pradié un mécanicien exemplaire.

*
* *

Ce matin-là, il s'apprête méthodiquement, sans se presser, et s'accoude encore à la fenêtre. Il est cinq heures un quart ; la rue s'éveille lentement.

Beaucoup de persiennes sont fermées. Aux derniers étages seulement, des visages apparaissent derrière le rideau des plantes grimpantes et se réjouissent de respirer l'air frais. Les mains accrochent des cages d'où partent aussitôt des chants d'oiseaux qui sonnent la diane aux locataires paresseux.

Pradié connaît son voisinage et suit d'un œil souriant le réveil matinal des fenêtres fleuries. Le bruit des volets, des fermetures métalliques, annonce l'ouverture des boutiques. La rue s'anime peu à peu. Des chiffonniers, des laitiers se croisent avec des porteuses de pain roulant leurs paniers, des cochers à pied, armés de leur fouet, des ménagères allant chercher le lait, des vieilles femmes en tenue négligée, le cabas au bras, qui font prendre l'air à leur chien en laisse. Voici un colleur d'affiches, un mitron qui a fini sa nuit, et des porteurs de journaux. Sous les portes, des laitières s'installent, prêtes à débiter

aux célibataires café et chocolat.

Des rues voisines, l'arrivée des ouvriers augmente, forme divers courants qui se dirigent vers les ateliers : ceux des Omnibus, ceux du Chemin de fer du Nord, ceux d'autres industriels

établis dans ce quartier.

A cette heure, Pradié peut les compter, les reconnaître même, les suivre dans leur parcours. Ils vont doucement, la cigarette aux lèvres, un panier à la main, tandis que d'autres achèvent un morceau de pain, attendent l'arrivée d'un camarade et plus souvent l'ouverture d'un mastroquet.

La physionomie rigide et monotone des maisons s'est transformée depuis que les fenêtres se sont garnies d'êtres humains qui propagent la vie du rez-de-chaussée au sixième étage.

*
* *

Cinq heures et demie viennent de sonner. Pradié s'est mis à table, en face d'un morceau de viande froide. Sa femme, brune de quarante ans, grassouillette, l'air doux, l'engage à bien manger :

— Tu fatigues beaucoup... Il faut te soutenir.

— T' inquiète pas.

Après avoir bu sec un bon vin « de pays », il prend café, pousse-café et rinçette. Le voilà satisfait. Il parle déjà de l'heure de son retour. Puis, tout à coup, il regarde sa montre et se lève. Sa femme lui apporte son paletot :

— T' as ton porte-monnaie, tes clés ?

— Oui, la bourgeoise, j' oublie rien.

Cependant il tâte à nouveau ses poches, jette un coup d'œil sur les meubles où il a coutume de déposer son portefeuille et différents objets.

Le voilà prêt. Il prend le panier de provisions que sa femme lui tend :

— Mon tender est bien chargé? (Les mécaniciens et les chauffeurs appellent tender leur panier, par assimilation au tender de la locomotive, lequel contient les approvisionnements de combustible et d'eau pour la route.)

— Tout y est.

— Surtout la bouteille! Il fera chaud!...

Et Pradié va de nouveau à la fenêtre, jette un coup d'œil vers le chemin de fer, puis embrasse sa femme et se dispose à partir.

— Fais attention, lui dit-elle doucement.

— Bah! C' qui doit arriver arrive... Si on y pensait, on ne monterait plus sur les bécanes...

— Quand tu es parti, je ne suis jamais tranquille, depuis que tu as été blessé.

Pradié s'arrête, tourne la tête vers une photographie, accrochée au mur, qui représente une locomotive renversée contre un talus, des voitures déraillées.

— Je l'ai échappé belle, ce jour-là!

— Je n'voudrais plus voir ce cadre ci... Les autres, c'est bien.... Des machines, des groupes de camarades, mais...

— N'y pense plus... Au revoir, la mère!...

Il l'embrasse encore. Il descend.

Sa femme, toute émue, songe au déraillement qui a failli tuer son homme.

*
* *

C'était la nuit, près d'Amiens. Le train marchait à quatre-vingt-dix kilomètres à l'heure. Tout à coup, Pradié entend un bruit sec. Il ferme vivement le régulateur. Mais la locomotive oscille, suit quelques instants la direction de la voie, et, s'inclinant à gauche, glisse sur un talus de six mètres de profondeur où elle se renverse, les roues en l'air.

Pradié s'est énergiquement cramponné au volant de changement de marche; mais la violence du choc le lui fait lâcher, et il se trouve à terre, à vingt-cinq mètres de sa machine. Quand il se relève, il sent une douleur à la jambe gauche et doit faire un effort pour se tenir debout.

Il fouille l'obscurité du regard, pour retrouver son chauffeur qu'il n'aperçoit pas et qu'il croit anéanti.

l l'appelle. Celui-ci répond et s'a-vance sain et sauf. Mais près d'eux, des gémissements se font entendre. Ils s'approchent et reconnaissent le conducteur enfoui sous les débris de son fourgon, la tête émergeant seule. Ils dégagent le malheureux, l'étendent sur le talus et lui donnent les premiers soins.

Pradié n'a pas oublié qu'un train peut venir les surprendre et que les voyageurs sont en danger. Il envoie vivement son compagnon prendre les précautions réglementaires et prévenir le garde du poste sémaphorique de mettre son disque à l'arrêt.

Rétabli en quelques jours, Pradié

fut vivement félicité pour son sang-froid et sa présence d'esprit.

*
* *

Dans la rue, plus mouvementée à ce moment, Pradié s'arrête, aperçoit sa femme à la fenêtre et lui dit de la tête un dernier bonjour.

Il se trouve mêlé à l'agitation croissante des passants qui débouchent de toutes parts et principalement des rues des Poissonniers, Ordener et des Portes-Blanches.

Il est six heures moins un quart. Pradié s'avance vers *A l'abri des coups de tampons*, un marchand de vins où ses collègues ont l'habitude de trinquer après le service et où des retraités oisifs viennent aussi causer

avec les camarades, faire leur partie de piquet, de manille. Il n'y voit aucune figure de connaissance, non plus qu'en face : *Au signal d'arrêt*, un bistro plutôt fréquenté par les ouvriers. En attendant un ami, il va et vient, fait les cent pas. Il assiste à l'arrivée des travailleurs, à leur entrée chez les débitants, à leurs rassemblements contre le mur du chemin de fer d'où émergent des cheminées en feu, des toitures sombres d'ateliers.

Bordé à droite, sur toute sa longueur, par l'enceinte du chemin de fer, le bas de la rue des Poissonniers a une apparence de misère. Le soleil éclaire les maisons aux murs sales et dartreux. Ici et dans les rues adjacentes, chaque rez-de-chaussée est une boutique : fruitier, marchand de vins, hôtel meublé, refuges habituels de l'indigence, de la vie au jour le jour, du crédit funeste aux pauvres gens.

*
* *

Le quartier offre un véritable tableau de la question sociale, des mœurs de la vie difficile. Son aspect, son activité à certaines heures, renseignent mieux que les statistiques.

Cette ruche, enclavée dans la grande cité luxueuse, manque de lumière et d'air. L'amas de maisons irrégulières aux fenêtres bientôt pavoisées de linge et de loques, semble un garage de bateaux serrés les uns contre les autres dans un port trop étroit. Une vie plus intense, plus intéressante, plus grouillante, que celle du Paris des plaisirs, s'y accumule. Chaque logement, véritable bouillon de culture de la misère, de la maladie, révèle la situation de l'ouvrier, du petit employé, leurs privations, leur gêne continuelle.

Chacune des forces de la famille est utilisée pendant que les petits s'amusent dans la pièce encombrée, ou jouent dans la rue avec l'insouciance de leur âge. Le frugal déjeuner fini, le père se hâtera d'arriver à l'atelier, la mère, après un rangement provisoire, reprendra l'aiguille,

la machine, pour gagner un morceau de pain. L'économie, l'ordre sont entre ses mains. La courageuse ménagère prend la direction de l'intérieur qu'elle maintient propret, malgré peines et soucis.

Une tournée dans ces milieux apprend la vie des humbles, des déshérités. Dans la pénombre des rez-de-chaussées, l'esclave au travail apparaît. Le bruit des machines, les appels, les chansons se confondent avec le grondement, la rumeur de la rue.

*
* *

Dans ces coins de besogneux actifs, un désir de fortune tentera des gens sans métier. Parfois, un brave ouvrier naïf, piqué d'ambition, sacrifiera ses économies à l'établissement d'un petit commerce. Son honnêteté, qui avait eu l'audace de venir se risquer au milieu de la roublardise de ses concurrents, se trouvera vite comprimée, étouffée.

Les entreprises qui incitent le prolétaire au crédit, à la dépense, se multiplient sans cesse dans le quartier. Les premiers temps, les bons procédés attirent le client. Mais un jour, le débiteur insolvable se voit refuser toute marchandise. Des oppositions sur son salaire, la saisie l'écraseront, lui feront perdre sa place. Chômage, maladie le conduiront à la misère, quelquefois au crime, si le hasard ne vient pas à son aide.

Petite ville dans la grande cité, le quartier peuple a une physionomie attirante qui fait connaître les qualités et les défauts de l'ouvrier. Chaque ménage est une source de documents, d'idées confuses de réformes. La difficulté de la vie provoque parfois des réflexions utiles qui corrigent de l'erreur et font regretter un jour le village natal, l'espérance et l'illusion que donne la nature.

Le travail qui devrait engendrer une mutuelle entente des hommes, semble plutôt les séparer dans les villes, les armer les uns contre les autres. Jadis, quand ils étaient en contact continuel avec la terre, leur existence plus régulière et presque assurée faisait naître dans leur cœur des réveils d'humanité et de bonté. Ils le sentent aujourd'hui quand, sous leurs fenêtres, passent des estropiés, des infirmes, des victimes de la maladie ou des accidents, qui ont l'air plus malheureux, plus pitoyable, que les miséreux rustiques.

Ah ! combien le village paraît plus accueillant à ces déshérités, à ces vaincus traînant leur souffrance !

Tout à l'heure, pour se rendre à son travail, l'ouvrier créera une agitation à laquelle s'arrêtera l'observateur, le curieux de tout voir, de tout comprendre. Il ira presque machinalement accomplir sa tâche journalière, acceptant le sort, par habitude, avec ses joies trop rares et ses infortunes inévitables.

*
* *

Pradié sait depuis longtemps les habitudes de cette fourmilière humaine, les attentes, les propositions de tournées, los trucs des roublards, des mauvais payeurs. Il entend les mots, les conversations qui se répètent chaque matin, comme stéréotypés ; il revoit les mêmes gestes, les mêmes jeux de physionomie expressive. Il va parmi les groupes qui formeront bientôt un millier d'hommes lors de la rentrée dans le gouffre du travail. Leur tenue ne varie guère : casquettes et chapeaux de paille, cottes et vestons. Tous les corps de métiers sont là : allumeurs, nettoyeurs, ajusteurs, monteurs et frappeurs. Il y a aussi des menuisiers, des charrons, des forgerons et des chaudronniers, mêlés aux zingueurs, aux tourneurs, aux peintres, aux cokeriers et aux manœuvres. Les uns causent, fument, lisent le journal ou l'achètent à un marchand

qui est placé près de la porte d'en-

trée, nu-tête, en manches de chemise, une boîte de quotidiens tenue à son cou par une bretelle. C'est un petit prêteur, car beaucoup lui disent en s'éloignant : « Ça fait six jours », ou bien : « Tenez, je règle, la semaine est finie ».

Certains arrivent d'une allure lente et tranquille, un paquet sous le bras, à la main, et vont s'appuyer au mur, où ils déposent le panier à leurs pieds. D'autres passent, donnent le bonjour à des copains, puis entrent directement au chemin de fer.

Le mécanicien Pradié s'amuse des éclats de rire, des quolibets, des plaisanteries, des charges des loustics. Il sourit aux amorces du type qui cherche à se faire payer un verre.

— C'est ta tournée ?

— C'est la tienne !

— Eh bien ! viens !

Dans un autre groupe, il entend une variation sur le même sujet :

— Tu payes pas un verre ?

— Je n' bois pas.

— Parce que je te demande de payer ?

— Non !

— Alors, viens tout de même !

Le fond des conversations, sous des formes différentes, habilement amenées : boire.

— Si j'avais quat' sous, j' paierais un d' mi s' tier.

— Je n' bois pas, merci.

Plus loin, le moyen d'amorcer change encore :

— Tu n' dis rien, c' matin ?

— Heu...

— Allons-y !

Et Pradié remarque que beaucoup

choisissent leur bistro, font un détour pour aller chez un autre, parce qu'ils doivent au plus rapproché et ne le paient pas. L'un, à qui l'on offre d'entrer chez son créancier, s'empresse de répondre :

— Allons ailleurs. C'est un mauvais chand de vins qui vend d' la camelotte.

L'habitude du petit verre les retient quelquefois après l'heure réglementaire.

— Encore une minute !

— Dépêchons !

Ils perdent ainsi une heure de travail pour une goutte de mauvais alcool, de ce funeste excitant auquel le travailleur se livre pour oublier les peines et les souffrances.

De bons ouvriers, gagnant trois ou quatre cents francs par mois, mais toujours sans le sou, dépensent là une partie de leur salaire. Pradié les a vus attendus, traqués par leurs femmes et leurs enfants à la porte du chemin de fer, les jours de paie ou d'avances. Des mécaniciens même s'abandonnent, mettent le ménage dans la gêne. Ce sont alors des discussions assez vives, parfois comiques. Si l'entente s'établit, toute la famille va se réconcilier chez le marchand de vins d'en face.

*
* *

— Déjà là, Pradié! dit un collègue en lui frappant sur l'épaule.

— Ah! c'est toi, Garaud! Tu rentres?

— Oui, je viens de faire la Malle de l'Inde.

— Viens prendre un verre. J'attendais une binette de connaissance.

Ils entrent *A l'abri des coups de tampons*, où il y a relativement peu de monde, maintenant que six heures approchent. Deux ouvriers se précipitent vers le comptoir :

— Vite, deux gouttes, patron!

Ils boivent d'un trait et s'en vont. Le dernier sortant dit aux deux mécaniciens qu'il a reconnus :

— Bonjour les méc... ! Vous avez d' la chance d'être pas à l'heure comme nous autres !

— File donc ! ça va sonner, répond Pradié en riant.

Au même moment, un fort timbre électrique carillonne dans l'enceinte du chemin de fer. Les ouvriers y pénètrent par la porte ouverte à deux battants. Les retardataires arrivent en courant, et, peu à peu, la rue se vide. Cinq minutes après, le coup de grâce, un surveillant regarde encore dehors, puis ferme la porte.

Un agent de l'octroi se tient à la petite entrée habituelle, va et vient, cause avec son collègue placé à l'intérieur. Il commence sa faction monotone qui durera toute la journée.

Pradié et Garaud vont se séparer ; mais une femme, proprement mise, s'est approchée d'eux, inquiète.

— Pardon, monsieur Pradié, vous n'avez pas vu mon mari? Il devait rentrer cette nuit. Je l'attends encore.

— Tenez, ma bonne femme, Garaud va vous dire ça, lui qui sort du dépôt.

— Soyez tranquille, mame Poulain. Votre mari est resté en détresse à Clermont. Y s' ra là dans une heure.

— Il n'est pas blessé au moins ?

— Non... c'est sa bécane qu'a flanché ! Une tige de tiroir cassée. C'est rien.

— Tant mieux, mon Dieu ! j'ai eu si peur!

La brave femme s'excuse, remercie, et se retire rassurée.

— Elles sont toutes les mêmes : on dirait des enfants, dit Pradié.

— Dame ! si nous étions à leur place !

— C'est vrai... nous nous en fichons, nous autres !

— A la prochaine, Pradié. Bonne chance.

Garaud lui serre la main.

— Au revoir.

Ils se quittent.

La rue a déjà repris sa physionomie habituelle.

Au moment où il va entrer, Pradié se croise avec le mécanicien Costeau qui l'arrête :

— Tu t'ennuies donc bien à la piaule pour venir prendre le turbin deux heures avant le départ ?...

— C'est mon affaire. Toi, t' as l'air d' dormir encore !

— J'étais de réserve. Je viens de passer la nuit à l'hôtel de la stration (pour administration), au dortoir, quoi !... Franchement, le plumard de l'usine ne vaut pas le champ de manœuvres de la bourgeoise. Viens donc, j' t' offre un verre de p' tit vin blanc pour nous dégourdir.

— J' suis d'aplomb, moi, et puis je viens d' boire...

— Toi, j' sais bien. Y en a pas deux comme toi. Allons à l'*Abri*. Tu verras dans la glace de l'harmonium que tes falots ne brillent pas tant qu'ça.

— Non ! non ! J'ai à visiter sérieusement ma marmite.

— La deux six...

— Oui, la deux six cent quarante et un (2.641), une des nouvelles *Chocolat*.

— Veinard, va ! Tu dois en gagner des pépettes ! Mais entre donc ! Tu as l' temps. La toquante ne dit que six heures et demie.

— Oui, mais je fais le train 309.

— Puisque tu vas à Lille, tu diras à la mère Vandenkerque que je ferai ce train-là demain, et qu'elle me prépare un boulot (manger) soigné pour moi et mon compagnon.

— Entendu, fait Pradié en s'en allant.

— Alors, tu ne veux rien accepter ?...

— Non, non...

— Tu n' vas pas cependant partir comme ça, avec une seule bielle graissée. Il faut que l'accouplement soit complet pour bien rouler.

Il cherche à le retenir ; Pradié résiste :

— Merci, je m'en vais.

— Tu r' foules !... A la prochaine alors ! Ce sera mon tour.

Pradié sort enfin, mais Costeau souriant, l'arrête encore.

— Attention au pétard de la marquise de Creil. Il a un cor au pied. Si on le lui écrase, ça coûte chaud, huit jours de mise à pied.

— Je l' connais. J' l' ai à l'œil... Au revoir...

Pradié est content d'être débarrassé de ces gêneurs qui lui feraient perdre son temps à boire, à parler de leur ménage, de ce qu'ils ont fait le veille, de ce qu'ils vont faire aujourd'hui.

* * *

Il passe devant la porte des surveillants qui lui disent bonjour, en qualité de mécanicien considéré, estimé en haut lieu. Tout le monde sait en effet qu'on lui confie d'habitude les trains d'essai ou difficiles, et que ses observations sur le fonctionnement des machines nouvelles sont suivies de perfectionnements pratiques que son expérience lui permet de trouver. C'est lui aussi qui a l'honneur de conduire les têtes couronnées et les ministres en voyage. Sa vigilance toujours en éveil, son énergie, son esprit de décision l'ont désigné pour cette fonction spéciale, parce qu'il offre toutes les garanties désirables de sécurité et de savoir.

Sa renommée s'étend sur toute la ligne. Jusqu'à présent, il est le seul qui ait entretenu économiquement, avec le moins de réparations, son ancienne machine. Il a dû la quitter à regret pour une *Chocolat*, ainsi baptisée par le personnel ouvrier à cause de sa couleur brune, mais qui est proprement appelée *Compound*. Dans ces locomotives, l'utilisation de la vapeur a été améliorée par une disposition spéciale de deux paires de cylindres à haute et à basse pression placés, les premiers à l'extérieur des longerons, et les seconds à l'intérieur, sous la boîte à fumée. La détente de la vapeur s'opère ainsi en double expansion (*Compound*) dans ces cylindres et suit un trajet rendu le plus court possible, du régulateur à l'échappement.

Pradié ne tire aucune fierté de sa condition, de sa valeur. Il reste simple, naturel, calme et bon. Ses camarades l'estiment, mais beaucoup le jalousent parce qu'avec sa *Compound* il réalise de fortes économies de combustible et de graissage qui portent parfois ses appointements de mécanicien de classe supérieure de 650 à 700 francs par mois et même plus.

Après avoir descendu l'escalier près duquel se trouvent, à droite, le dortoir et le lavabo des mécaniciens et des chauffeurs, le voilà dans l'enceinte de la Compagnie, près de l'agglomération d'ateliers, de trains de roues, de bandages et de carcasses de chaudières et de tenders. Il longe le bâtiment à gauche. De l'immense atelier du montage partent des bruits de marteaux, de ferrailles, de machines en pression. Devant lui, l'horizon est borné par les deux réservoirs haut placés, par le profil des rotondes, des remises

des locomotives et des amas de maisons de la rue de la Chapelle, éclatantes de lumière. A sa droite, au-dessus du mur d'enceinte, un talus de verdure et de petits arbustes, dominé par les maisons élevées de la rue Ordener, aux fenêtres garnies de pots de fleurs, de cages, de draps et d'édredons rouges.

*
* *

Il est maintenant dans ce camp retranché du travail qui s'étend jusqu'aux fortifications comme une cité vivante, laborieuse. C'est là que des milliers d'ouvriers viennent chaque jour, à la même place, exécuter le même ouvrage, gagner le pain quotidien avec l'entrain, l'indifférence de leur caractère, ou le souci de la gêne, de la privation qui les guettent sans cesse.

En cet enclos grouillant d'activité, l'homme est constamment aux prises avec la nature et la matière. Il se fait créateur, façonne le bois, les métaux, et en tire des profits pratiques, utiles à tout le monde. C'est un champ d'expériences où la science assouplit tout ce qu'elle touche, grâce au concours de l'ingénieur et de l'ouvrier.

Après avoir assigné à chaque pièce la fonction qui lui est propre, l'homme l'exécute, en fait le montage sur le véhicule, sur la locomotive. Puis les nombreux modèles qu'exige l'exploitation des chemins de fer seront assemblés, soumis à l'action puissante de la vapeur.

Pradié, qui avait été un bon ajusteur, ne passait jamais en cette atmosphère de bruit sans se souvenir de son ancien métier où il était habile. L'amour de la locomotive, de la vitesse, lui avait fait quitter l'étau pour la vie en plein air, certes plus dangereuse. Et il avait acquis, dans ses nouvelles fonctions, une réputation méritée, acceptée de tous.

*
* *

Tout à coup, Pradié s'entend appeler par le mécanicien Rageon, type grincheux qui le rejoint en lui frappant sur l'épaule :

— Salut ! Pradié.

— Bonjour, Rageon.

— Dis donc, Pradié, sais-tu ce que je pense de toi ?

— Qu'est-ce qui te prend de si bonne heure ?

— Écoute : j' suis un gueulard, c'est entendu. Mais j' suis pas méchant, tu l' sais bien.

— Après ?...

— C'est pour te dire qu'avec les trains extraordinaires que tu nous fiches chaque jour, nous n'y arrivons plus, nous autres ! Tu viens deux heures, deux heures et demie avant le départ pour soigner ta bécane !

— Ça vous embête tous, ça... Cependant, je suis libre.

— Oui, mais tu gâtes le métier, mon vieux... Plusieurs camarades t'en veulent et ne te gobent guère.

— J' m'en fiche. J' fais mon affaire comme je l'entends. Voilà tout !

— J' te dis ça parce qu'on en cause...

— Écoute, Rageon. J' suis jaloux

de personne, moi. Dans le temps, tu étais plus soigneux, plus à ton travail. T' étais avec les avaleurs de sabres, avec ceux qui faisaient chouettement leurs trains. Tu n' disais rien contre ceux qui lançaient des feux d'artifice en route avec l'échappement, cela pour gagner du temps et arriver à l'heure...

— Oh !

— Oui, tu te vantais même de tirer ferme sur le manche (le régulateur).

— J'avais pas eu des ennuis alors !

— Oublie-les. Reprends ton rang. T'es pas un imbécile... Tu connais une bécane... Eh bien !...

— On n' peut pas s' fâcher avec toi. J'voulais te dire des choses désagréables. J' peux plus. J' réfléchirai. J' me suis laissé entortiller par les potiniers. Allons... au revoir. J' suis en retard.

Et Rageon se met à courir vers le dépôt.

Pradié était habitué aux jérémiades de ces fricoteurs, jaloux de leurs camarades, tirant des ficelles et faisant un service médiocre.

Près du dépôt, un groupe causait. Pradié entend des plaintes, des plaisanteries :

— Oh ! j'en ai tiré une de ces

purées, disait un mécanicien en gesticulant. J'avais une sale bécane, une sale chignolle ! Un vrai paquet de ferraille ! Et l' patron veut que j' continue encore un mois avec un clou pareil ! Vas-y voir !

— Ça n'va pas encore, dit Pradié en s'approchant.

— Pardi... avec des bécanes comme la vôtre, vous êtes tranquille, vous !

— Nous la soignons ! Fais comme nous !

— Oh ! là ! là !...

Pradier continue son chemin.

Il arrive au bout de la voie perpendiculaire à la porte d'entrée. Des hommes manœuvrent des trains de roues ; une rame de wagons barre le passage, près des hauts tas de charbon au-dessus desquels pointe la flèche de la grue mécanique servant au chargement et au déchargement du combustible. Il tourne à gauche, vers les bâtiments du dépôt, puis arrive devant les bureaux, une minuscule construction triangulaire, non loin d'une plaque tournante où rayonnent des voies en éventail et

sur laquelle une machine est prête à partir pour Paris.

La figure et les bras noircis de charbon, de cambouis, des ouvriers vont et viennent, s'interpellent à haute voix, d'un ton traînard. Une machine siffle, la plaque roulante fonctionne.

Garni de grands cadres contenant les ordres de service, c'est-à-dire la désignation des trains que doit faire chaque machine, le mur de la façade attire l'attention. Pour les agents, les affiches qu'ils consultent chaque jour et qui portent les punitions infligées, s'appellent la publication des bans.

*
* *

De la porte d'entrée, on aperçoit le sable qui recouvre le parquet. Tout de suite à gauche sont installés les surveillants. Un guichet avec planche d'appui permet à chaque agent, à son arrivée, de signer le livre de présence en regard du train pour lui désigné. C'est là qu'il prend connaissance des ordres de service, des avis spécialement recueillis et qu'il s'assure si les réparations qu'il a demandées la veille, par bon, ont été exécutées. Ensuite il retirera sa feuille de route où figurent les stations du parcours, et sur laquelle le conducteur du train portera les heures d'arrivée, les retards et les incidents de route.

En face, le bureau des sous-chefs de dépôt, et plus loin celui du chef de dépôt, des comptables, où est installé le télégraphe. Et sur les murs intérieurs sont encore affichés les différents avis qui intéressent le personnel de la traction. C'est toute la partie administrative concentrée dans ce local étroit.

Quand Pradié se présenta au bureau, son chauffeur, un grand diable brun, l'air éveillé, bon garçon d'une trentaine d'années, l'attendait :

— Bonjour, compagnon.

— Bonjour, Levalle.

Et les deux agents se serrent la main.

— Nous avons été rayés sur la feuille de service, ajoute le chauffeur.

Le mécanicien consulte la feuille où il lit cette annotation : « Pradié, voir le chef de service ».

— Il faut vous amener au comptoir du patron.

— T'as signé le livre de présence?

— Non. Des fois qu'on nous renverrait chez nous.

— Attends une minute. Je vas chez l' patron.

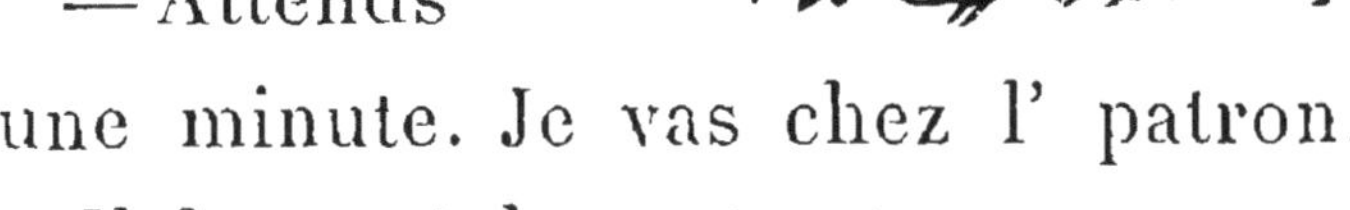

Il frappe à la porte et entre :

— Bonjour, monsieur Fiolet. Vous avez des instructions à me donner?

— Oui, Pradié. Vous ne ferez pas le 309, mais un train spécial sur Calais. M. l'ingénieur en chef désire que ce train, qui sera exceptionnellement difficile, soit remorqué par une machine en parfait état. C'est pourquoi j'ai désigné la vôtre.

— Merci, monsieur Fiolet.

— Vous n'avez pas à me remercier. Si votre machine est en bon état, c'est que j'y ai fait faire les réparations nécessaires. Je connais aussi les machines... moi...

— Oh! m'sieur Fiolet, interrompt Pradié gêné.

— On se figure... Enfin, vous

aurez un ministre à conduire. Tâchez que rien ne cloche.

— C'est entendu. Nous ferons de not' mieux.

Pradié s'en va, revient vers son chauffeur qui lui demande :

— Qu'est-ce qu'il y a de cassé, compagnon ?

— Rien. Nous faisons un train spécial sur Calais, pour un ministre.

— Lequel qui s'esbigne chez les English ?...

— J' sais pas. Qu'est-ce que cela peut faire ? Ils ne sont pas plus lourds à traîner les uns que les autres.

— Vous savez bien que tous ne

sont pas aussi galetteux... Notre pourboire en dépend.

— N'importe, je vais soigner *Marguerite* pour ne pas flancher en route.

— Mais avez-vous des affutiaux assez propres ? Pour un ministre, il faut être époilant.

— C'est fin de semaine. Mes effets ne sont pas de première fraîcheur...

— Et il n'y a pas moyen de retourner au gourbi... Attendez donc... j'ai un joint... Deux minutes de permission, je reviens.

Pradié est ennuyé de n'avoir pas une tenue plus convenable. Pourquoi ne l'avait-on pas prévenu plus tôt ?

Mais déjà son chauffeur est là, avec une cotte, une blouse, un pantalon.

— Je me suis souvenu que Thomas, étant de réserve aujourd'hui, devait certainement avoir ici une blouse et un grimpant. Je les lui ai donc loués pour un jour en disant que c'était pour vous... Ça vous coûtera une tournée.

— Mais toi, tu n'as rien?

— J' mettrai mes frusques à l'envers! J' ferai une lessive de gascon.

— C'est bien! Allons vers la bécane.

*
* *

Le dépôt, d'aspect sévère et sombre, comme une installation minière, est formé de rotondes en demi-cercle, aux grandes portes en arcades où aboutit un faisceau de voies reliées à la plaque tournante sur chacune desquelles une machine est remisée. En face des bureaux, une vieille rotonde couronnée d'un campanile à fronton triangulaire au-dessus d'une horloge. Des voûtes en berceau permettent le passage des locomotives qui vont s'aiguiller pour le départ ou qui rentrent au dépôt.

A côté, une autre remise, demi-circulaire, dont le profilement des lignes présente un faux air de style roman. Plus loin, le *Grand Palais*, remise rectangulaire la plus importante.

Partout on travaille, on nettoie, on prépare les machines. A chaque instant, des agents viennent prendre leur service, créent un mouvement de va-et-vient. Il circule un air de gaieté vaillante. Les sifflets, le roulement des trains qui passent à côté sur la ligne, coupent les appels, les chansons, les bruits de chocs, de marteaux, les cris et les rires.

Pradié et Levalle, maintenant dans la grande remise, cherchent leur machine parmi les autres, rangées de chaque côté d'une fosse centrale que parcourt un pont roulant, lors de la rentrée ou de la sortie des locomotives. En arrivant devant la 2.641, le chauffeur éclate de rire et se frappe les cuisses :

— C'est pas possible ! Y a donc

encore des nettoyeurs ! Regardez

donc comme *Marguerite* est astiquée! Ah! les pavillons noirs ont bien turbiné!

— Ne blaguons plus... Vite à l'ouvrage!

— J' n' aime pas une bécane aussi luisante. C'est du maquillage, c'est pas nature. Alors c'est pas une cotte et une blouse qu'il nous faut! C'est des gants!

— Tais-toi, farceur.

— Vraiment, elle est trop bien bichonnée. Elle n' courra pas aussi bien... Elle sera gênée dans sa belle robe!

— Tais-toi donc! Allons, hop! à l'ouvrage!

Levalle a toujours le mot pour rire, c'est un Parisien bon enfant,

roublard dans son métier, qui accepte l'existence avec une saine insouciance.

Tous les deux montent sur leur machine, placent leur panier de nourriture dans leur coffre personnel, sur le tender, puis se déshabillent complètement, se mettent en tenue de travail.

*
* *

Les voilà bientôt changés en *gueules noires* et à leur tâche respective. Le chauffeur s'empresse de faire tomber les *os* (mâchefer) adhérents à la grille, qui donneraient un mauvais feu et empêcheraient une bonne production de vapeur. Il manœuvre à cet effet une bascule mobile, puis il étalera sur toute la surface de la grille le feu conservé à l'arrière depuis la veille. Avec son marteau, il casse quelques briquettes, en jette les morceaux dans le foyer où, de temps en temps, il place de gros charbons jusqu'à ce que

la couche de combustible s'élève à hauteur de la porte. Pendant une heure un quart environ, il viendra de temps à autre se livrer à cette opération, de façon à faire monter la pression de 3 à 16 kilos une demi-heure avant le départ, tout en chantant quelque grivoiserie, quelque refrain à succès.

En attendant, Pradié prend son livre à souches, s'installe sur le couvercle de son coffre, pour établir les bons de graissage. Il cherche dans ses poches, et n'y trouve pas son crayon.

— Dis donc Levalle, t'as pas un crayon? J'ai dû perdre le mien.

Le chauffeur, en train de tisonner, passe à son mécanicien son ringard ou pique-feu de 3^{m},50 de longueur et du poids de 15 kilos environ.

— Toujours farceur!

— Tenez, v' la... Prenez votre grand livre et faites la comptabilité de bord.

Pradié a fini d'écrire. Il passe à son chauffeur les deux bidons d'huile avec le bon de graissage :

— Je demande dix kilos de colza. C'est trop en temps ordinaire. Mais aujourd'hui, j'veux pas rester en panne. J'espère que l' patron nous donnera tout ce que nous demandons.

— Y fera un nez tout de même.

Levalle prend les bidons et se dirige vers le magasin.

*
* *

Pradié va commencer la visite et le graissage du mécanisme. Le moindre incident de route lui prend sa pensée jusque dans le sommeil. Soucis et préoccupations l'assaillent, le rendent morne. Il sait qu'il doit tous ses soins à sa machine, que la moindre négligence, le moindre oubli peuvent amener une catastrophe. Alors, consciencieusement, il l'entretient avec l'affection d'un père pour son enfant gâté. Chaque jour, comme un médecin, il en scrute les secrets, il veut connaître son organisme délicat et fort, pour le mieux préserver des accidents. Il l'interroge sans cesse du regard, du toucher et il en retire chaque fois un enseignement.

Ce corps monstrueux, surhumain, autour duquel il tourne, possède un cœur, un estomac, du sang et des muscles qu'il faut savoir observer, entretenir. Une bonne nourriture, composée de charbon abondant et pur, renouvellera la vapeur, la rendra plus généreuse. La vapeur, c'est la vitalité, le sang qui circulera dans les tiroirs, poussera les pistons,

après s'être dégagée de l'eau réchauffée par le foyer, estomac énorme et dévorant, à la digestion rapide et sûre. Une bonne huile, un graissage entendu, assoupliront les différentes articulations, les muscles, d'une combinaison ingénieuse et docile. La vapeur en action donnera alors l'illusion d'une âme puissante, d'une volonté surnaturelle enfermée en cette masse cylindrique, rigide, qui transmet la force et la vitesse aux roues qui la supportent.

Les chefs de Pradié, surpris du fonctionnement si régulier, des résultats admirables obtenus avec sa locomotive, ont désiré connaître ses moyens personnels, ses trucs enfin! Mais il s'étonne de ces questions, il montre les outils fabriqués par lui, en plus du chiffre réglementaire, et trouve tout naturel ce qu'il fait. A quoi bon lui demander le pourquoi! « On a une machine, c'est pour la soigner comme une personne vivante », dit-il avec calme.

*
* *

Les manches retroussées, une burette à long col à la main, Pradié se baisse, commence le graissage. Il passe sous la machine, en voit toutes les pièces, avec une attention toute particulière. Pour chacun des mouvements, il a une façon spéciale, selon le travail, le tempérament de la pièce. L'un d'eux a-t-il une tendance à chauffer, le mécanicien épaissira son huile en la mélangeant à froid ou à chaud, suivant la saison, avec du suif, pour que le graissage file moins vite.

Chaque agent a ainsi des procédés secrets qui évitent des avaries, procurent des primes, c'est-à-dire de l'argent.

*
* *

Levalle est revenu avec ses bidons et dit au mécanicien :

— Je les ai épatés, les épicemards de l'Entrepôt.

— A cause?

— Dame! Dix kilos de colza! qui m'disent. Si vous aviez vu leur bobine!...

— C'est-y vous qui payez! que j' leur ai dit aux pisse-huile. Servez rapidement ou je change de cantine.

— Tout ça, c'est joli, mon vieux. Mais prépare ton feu et ne ménage pas la briquette. Il faut se distinguer aujourd'hui.

Tandis que le mécanicien continue son graissage, le chauffeur égalise le feu, le monte bien, en ayant soin qu'il y ait toujours une plus forte épaisseur à l'arrière du foyer. Il jette quelques pelletées de charbon tout-venant. En attendant que le charbon s'enflamme, il ira chercher du sable, au « Sahara », où il est remisé dans un hangar spécial. Puis à la lampisterie, il prendra les lanternes et les falots qu'il disposera sur la locomotive.

A un moment, Pradié ne paraît pas satisfait de l'état des boîtes du tender. Il dépose sa burette sur la plate-forme, à proximité de la rampe où se trouve un bidon d'huile auquel il revient souvent emplir sa burette. Il va falloir vider la boîte et en renouveler l'huile. Pour cette opération, il a eu la précaution de se fabriquer une longue seringue spéciale, à bec recourbé, qui lui permet d'atteindre très profondément pour puiser l'eau tombée des injecteurs dans le graisseur des boites. Il est en train d'aspirer avec sa seringue, lorsque le chauffeur qui a fini de nettoyer la chaudière et les cylindres, lui dit en riant :

— On dirait que vous voulez gonfler les pneus de la bécane !...

— Animal ! Où diable vas-tu chercher ça ?

— Ça vient tout seul !

— Descends-moi donc le bidon de 5...

Levalle le lui apporte :

— Voilà les saintes huiles, Monseigneur !

Et il repart examiner son feu qui semble paresseux, car la pression est encore faible :

— Bon Dieu ! Elle a la peau dure ! En avant la musique !

Et pour activer le tirage, il ouvre le souffleur. On entend le bruissement que produit la vapeur en s'échappant par la cheminée. La vaporisation devient meilleure. Alors Levalle va prendre les seaux de toile contenant le sable qu'il est allé chercher tout à l'heure, et le verse dans la sablière. Un ouvrier passe près de la machine à ce moment :

— Hé ! pompier ! T' emplis ta tabatière !

— Ferme ça ! chiqueur !

— On dirait que t'es d' garde d'incendie avec tes seaux en lanternes vénitiennes !

— Ta bouche, bébé ! Ou j' te poivre !...

Levalle ne répond plus. Il s'assure que le fonctionnement de la sablière est régulier. Mais il s'entend appeler :

— Levalle! Levalle! crie Pradié de dessous la machine, où il graisse le mouvement de basse-pression, les bielles, les colliers d'excentriques.

Donne-moi du suif! La bielle de gauche a menacé de chauffer hier.

— Voilà le cold-cream!

Peu après, Pradié sort tout sali d'avoir examiné, entretenu les pièces, les mouvements intérieurs aussi nombreux qu'au dehors. Il entreprend les bielles extérieures. Il en balance la grosse tête, latéralement, la secoue pour mieux faire pénétrer la goutte d'huile bienfaisante. Il graisse les joues des coussinets, les glissières, tous les points d'articulation des pièces du mouvement, et, avec deux doigts, les plaques du secteur de distribution. En des poses différentes, difficiles et assez fatigantes, il accomplit consciencieusement sa besogne tandis que son chauffeur inspecte le manomètre, le niveau d'eau, le feu, et s'assure de l'amorçage du graisseur automatique, télescopompe qui, en cours de route, est mis en mouvement par la machine elle-même.

*
* *

Quand ces longs préparatifs sont presque terminés, un troisième personnage très important intervient : c'est le visiteur. Petit homme maigre, aux yeux vifs, qui s'avance, une lampe rustique, presque romaine, à la main et se met, sans rien dire, à visiter le mouvement, à chercher partout s'il y a des criques, des défauts que le mécanicien aurait pu oublier, ne pas voir. Muni d'une clef, de goupilles et d'un marteau, il frappe, interroge la matière et passe sa tête entre les intervalles des pièces du mécanisme, pour tout visiter. Mais il ne trouve rien et se retire sans rien dire, l'air encore soucieux : l'œil de Pradié a tout vu, tout prévu.

— Alors, ça biche! fait Levalle en descendant de machine.

— Y paraît, répond froidement Pradié.

Levalle a aussi mis son orgueil et tout son entrain à préparer l'abri de la machine, à astiquer les cuivres, à faire le nettoyage de la *devanture* (par allusion à la devanture des bijoutiers). Il sait que si la montre est belle, le chef-mécanicien lui fera allouer une prime de nettoyage pour les cuivres, la devanture et le mouvement. Dans cet abri, le *salon* de ces messieurs, sont réunis la tuyauterie, les volants des prises de vapeur, les manomètres, le changement de marche, le régulateur, les deux injecteurs et la prise de vapeur du frein Westinghouse placé à droite. Autant de pièces qu'il faut astiquer comme celles d'un fourneau-cuisinière compliqué.

Au-dessus, dans l'écran, deux grands trous circulaires, semblables aux yeux d'un monstre marin, permettant de voir la voie devant soi.

•

Pendant que Pradié achève le graissage, Levalle a fonctionné au *salon*, l'a mis en état de recevoir :

— Y serait temps de faire prendre l'air à *Marguerite*, dit-il à son mécanicien, après avoir fini d'astiquer toute la batterie de cuisine du foyer.

— J'y suis. Je finirai le graissage des boîtes motrices quand nous serons au chargement du combustible... Siffle trois coups pour demander le pont.

— Un seul suffirait, si le verre était grand ?

— T'as toujours soif! C'est bon,

siffle trois coups pour qu'on nous fasse sortir de la remise. On boira après avoir levé l'ancre.

*
* *

Tous deux remontent sur la machine qui est conduite au tas de charbon, ensemble de monticules élevés où le combustible est manipulé par des grues à vapeur. De là, on découvre la grande remise, les rotondes, et la vue s'étend sur les maisons des rues Ordener, des Poissonniers, le bas de la butte Montmartre et l'église du Sacré-Cœur, avec ses nombreux dômes en formes de coquetiers renversés.

Levalle commence par demander aux cokeriers du bon charbon et un

chargement rapide. Il ne veut pas de poussier; il lui faut les gros morceaux de la *rive*, ceux tombés du tas, éboulés à leurs pieds.

Quatre à cinq mille kilos vont être chargés sur le tender.

— Donne donc ces pavés-là ?

C'est pour ceux qui t' rincent la dalle que tu les réserves !

— C'est bon, c'est bon, réplique un cokerier.

— Tu sais, pas d' camelotte ! Nous en faut du chouette, on conduit un ministre !

Pradié, tout en travaillant à ses boîtes, surveille, dit aussi son mot pour appuyer son chauffeur. Alors l'approvisionnement se fait assez vite, et le mécanicien remet aux cokeriers les bons de combustible.

— Maintenant, dit son compagnon, nous allons rendre visite à ces dames !

— Quelles dames ?

— Aux grues... hydrauliques, pardi !

Le mécanicien ne répond pas, siffle et dirige sa machine vers les grues d'alimentation d'eau.

Pendant le remplissage du tender qui contiendra vingt mètres cubes d'eau, Pradié inspecte encore sa locomotive, graisse à nouveau de ci, de là.

— Voilà une boîte arrière qui nous jouera un tour un de ces jours. Cependant, j' l'ai remplie d'huile hier; elle est encore pleine d'eau aujourd'hui. Ces diables d'injecteurs !...

Levalle qui était descendu, comprend ce que son compagnon veut dire. Il remonte et redescend vivement avec la seringue de fabrication Pradié en chantant un air connu au régiment :

Voilà, m' sieur l' major, ça coule, coule vite;
Voilà, m' sieur l' major, ça coule, coule fort!

Et Pradié aspire activement dans

le réservoir qu'il remplit d'huile ensuite et donne encore un dernier coup d'œil au mouvement.

*
* *

Cette fois, Pradié est prêt. Il contemple sa machine, imposante par son apparence de force, mais cependant moins belle de forme et de ligne que l'*Outrance*, son ancienne bécane, garée près de lui. Son bogie allongé, les appuis de la chaudière et sa seule bielle d'accouplement extérieure lui donnent une expression de légèreté, de vitesse et d'agilité.

La *Compound*, sa *Marguerite* d'aujourd'hui, bien que plus trapue, plus pesante, lui plaisait davantage pour sa chaudière généreuse, sa force, son aisance à remorquer

avec un plus doux roulement, des trains plus lourds, — qualités fort appréciables.

— Quelle différence avec votre ancienne ! dit le chauffeur qui a remarqué le regard de Pradié.

— C'est vrai... Mais elle courait bien...

— Y a pas d'erreur... *Marguerite* vous enlève un train comme une plume. Il faut souvent ralentir, sans quoi, on arriverait toujours en avance avec certains trains... qui ne sont que des joujoux.

— Nous allons voir ça aujourd'hui.

— J' suis pas en peine. Attention! v' là un anspect! (Inspecteur). C'est-y qu'on croit que nous ne pouvons pas démarrer! fit peu après Levalle.

Et il se met à chantonner tout en frottant la chaudière.

Un homme d'une trentaine d'années s'approche, les mains dans les poches :

— Ah ! vous voilà, vous ! fait-il au chauffeur qu'il connaît pour un loustic.

— Toujours là, moi, m' sieur l'Inspecteur !

L'inspecteur examine la machine et dit à Pradié :

— Bigre ! Elle est propre votre machine !

— Pour cause... Nous faisons...

— Je sais... je sais.

Et le mécanicien et le chauffeur se remettent au travail, tandis que l'Inspecteur tourne autour de la machine et dit ensuite au mécanicien, en regardant sa montre :

— Il est l'heure de monter à Paris.

— Nous avons le temps, répond Pradié.

— Comment ! pour le 309.

— Nous ne faisons pas le 309 ! Nous partons à un train spécial de ministre.

— Tiens !... Ah ! oui... je sais, je sais...

Et il s'en va le nez bas, vers d'autres machines, plus loin.

— Il sait, et il n' sait pas, ajoute tout bas le chauffeur.

*
* *

Des copains occupés non loin de là, sont venus reluquer *Marguerite* qui doit trimballer un ministre, et plaisantent le personnel de la machine. Ils vantent entre eux cette masse imposante de 120 tonnes qui a reçu les dernières perfections apportées à la locomotive par l'expérience des années.

— Tu vas en palper du pognon, dit l'un d'eux au chauffeur.

— Ça t'embête, ça !

Marguerite, avec son long tender qui tient beaucoup de place sur la voie, près de 19 mètres, va se rendre à Abbeville sans arrêt, soit près de 180 kilomètres! On se le dit en reluquant ses roues de deux mètres de diamètre, qui tournent à une vitesse de 100 kilomètres à l'heure, très souvent dépassée en certains points du réseau. Et toutes les articulations conjuguées du mécanisme se balanceront, oscilleront, tourneront dans un plan vertical, comme si

ces différents mouvements allaient

se disloquer, enfoncer, briser les organes si ingénieusement combinés, équilibrés pour produire l'effort de traction si considérable.

Sur d'autres machines, garées à proximité, des mécaniciens regardent aussi, d'un œil d'envie, cette machine renommée, qui rapporte de beaux bénéfices à son mécanicien et à son chauffeur. L'un d'eux crie à Pradié au moment du départ :

— Tu sais, je fais le 517. Si tu restes en panne, je te prendrai au passage.

— Ton 517, ça se fait avec un clou!... Va donc, omnibus! J'emmènerai ton tombereau si tu veux! Quelques voitures de plus ou de moins, ça ne me gêne pas.

Les conversations cessèrent devant

le chef de dépôt qui venait faire les dernières recommandations à Pradié :

— Surtout, revenez avec une machine en bon état, pour ne pas être attrapé par le grand chef!

— C'est pas mon habitude, m'sieur Fiolet!

Le chef se tut, regarda autour de lui s'il n'apercevait pas un ingénieur qui venait voir la *Marguerite*. Personne. Alors il se retira.

*
* *

Il y a encore vingt minutes pour le départ du train. Pradié fait un dernier essuyage et dit à son chauffeur qui vient de placer les signaux à l'avant de la machine :

— Nous allons partir. Demande le cordon (la voie).

Levalle siffle pour obtenir la bonne direction; son mécanicien monte sur la machine.

Les voilà à leur poste, prêts pour le grand trajet, attentifs au moindre incident, au moindre obstacle et décidés à faire leur devoir.

Grand, solide et calme, coiffé d'une calotte, Pradié a la physionomie d'un gothique allemand par le dessin de sa figure aux bons yeux bleu clair. Placé à droite, près du régulateur, il s'essuie les mains avec du déchet de coton, et attend le départ.

A la gauche, son compagnon, souriant et crâne, regarde malicieusement les curieux, prêt à leur dire une dernière plaisanterie.

Enfin, la voie est donnée. Pradié ouvre le régulateur. La machine s'avance, dans la beauté, l'insouciance majestueuse de sa masse arrondie. Les soupapes fusent, sous la force de la pression ; les purgeurs, ouverts en grand, entourent la machine d'un nuage de vapeur blanche, bruissant avec rage, qui chasse toute l'eau d'évaporation en suspens dans les cylindres.

— Gare au bouillon ! s'écrie Levalle qui a ouvert les purgeurs

juste au passage devant les curieux.

— Salaud ! garde ta salive, ripostent les arrosés.

Un horizon nouveau : la trouée de la ligne, vers Saint-Denis. Des poteaux, des lyres télégraphiques, des passerelles à signaux. Sous le ciel bleu, immense, les disques rouges, les signaux d'arrêt en damier blanc et rouge se détachent vigoureusement. Plus bas, sur la ligne des côteaux bleutés de Montmorency, un coin de verdure des fortifications montre la tendresse souriante de son coloris.

Arrivée à l'aiguille, la machine s'arrête. Pradié manœuvre le *moulin à café* (le changement de marche), siffle deux coups brefs, et *Mar-*

guerite reprend sa marche, tender en avant, sur la voie spéciale aux machines se dirigeant sur Paris.

En passant devant la cabine Saxby où se manœuvrent les aiguilles, Pradié crie à l'aiguilleur, entrevu par une fenêtre ouverte, la désignation de son train :

— Train spécial pour Calais.

Et il continue son chemin, le long du dépôt à gauche, d'où il découvre les voies des différentes lignes, des pâtés de maisons de La Chapelle, de la rue Ordener et la passerelle du pont Marcadet, sous laquelle il est bientôt. De là, la ligne s'encastre, en courbe vers la droite, en forme de long goulot dans la tranchée ouverte entre les rangées de maisons qui la bordent de chaque côté.

*
* *

Dans trois minutes, *Marguerite* arrivera, reluisante et pomponnée, devant le train ministériel. Et, sous l'œil vigilant du mécanicien et de son compagnon dévoué, les voyageurs seront rapidement conduits en toute sécurité. Au moindre obstacle, au moindre danger, Pradié saisira promptement et manœuvrera sans hésiter la poignée du frein continu, automatique et à action rapide Westinghouse, placée à droite. Les freins des roues de toutes les voitures seront simultanément bloqués à fond.

Et le train, énergiquement contrarié dans sa marche par le puissant serrage de l'air comprimé, s'arrêtera dans un temps très court.

Mais aujourd'hui, aucun accident n'est à craindre. La qualité du personnage officiel a mis le personnel sur le qui-vive. Inspection, remise en état des points douteux de la voie, tout a été prévu, exécuté avec soin selon les règles, les leçons de l'expérience. Partout la main, le regard ont fait leur œuvre de précaution, de sécurité parfaite.

Marguerite peut rouler, franchir rapidement l'espace de son allure tranquille et forte de monstre puissant et docile. L'extrême vigilance de Pradié, son coup d'œil, son sang-froid, joints à l'activité de son jeune compagnon, suffisent pour assurer une marche régulière.

Le gavroche des heures de liberté,

le spirituel railleur Levalle est maintenant attentif, sérieux, à son poste de confiance.

Avec de pareils serviteurs, habitués à toutes les intempéries des saisons, à toutes les épreuves du sort, la vie des voyageurs est sauve. Même contre le danger imprévu, contre une de ces fatalités que ni la raison ni la science ne peuvent prévoir, ils sauront crânement faire face au malheur, sacrifier leur personne.

Sans hésitation et sans peur, ils accomplissent toujours leur devoir avec un rare héroïsme naturel, trop souvent méconnu.

A Paris, peu après l'accrochage de *Marguerite* au train spécial, les gros bonnets de la Compagnie arrivent sur le quai, escortant le ministre et son entourage. Au lieu de monter en voiture, le groupe s'arrête : un personnage brun, grand et fort, s'en détache et se dirige vers la machine. Les Ingénieurs l'accompagnent :

— V' là l' Minisse! dit Levalle.

— Vite, à ton poste! répond Pradié se tenant immobile devant le manomètre.

Le ministre admire le monstre bien astiqué. Mais il a eu soin de jeter un coup d'œil furtif sur le mécanicien. L'impression est bonne et le fait sourire :

— Ce sont ces belles locomotives qui font les trains rapides et sont l'admiration des Ingénieurs étrangers? dit-il rassuré en retournant sur ses pas.

Le haut personnel de la Compagnie répond discrètement. Levalle, revenu près de son mécanicien, regarde le ministre s'éloigner :

— Il nous a pas seulement adressé la parole...

— On verra plus tard...

Le signal du départ est donné. Pradié siffle. Le train démarre :

— Aujourd'hui, c'est nous qui conduisons le char de l'État. Y aura un bon pourboire! s'écrie gouailleusement Levalle en chargeant le feu.

ÉVREUX, IMPRIMERIE DE CHARLES HÉRISSEY

4 heures, *l'Essayage*, texte de Pierre Valdagne, dessins de Balluriau.

5 heures, *la Rue du Croissant*, texte de Henry Fèvre, dessins de Sunyer.

6 heures, *la Salle d'Armes*, texte de Georges Ohnet, dessins de Flasschoen.

7 heures, *Belleville*, texte de G. Geffroy, dessins de Sunyer.

8 heures, *Dîners Parisiens*, texte de M. Guillemot, dessins de Jeanniot.

1 heure du matin, *les Soupeuses*, texte de Gustave Coquiot, dessins de G. Bottini.

www.ingramcontent.com/pod-product-compliance
Ingram Content Group UK Ltd.
Pitfield, Milton Keynes, MK11 3LW, UK
UKHW021042230726
13926UKWH00004B/1608

9 782014 432763